eu destilo melanina e mel

eu destilo melanina e mel

UPILE CHISALA

Tradução de Izabel Aleixo

Título original: *soft magic*
Copyright © 2019 by Upile Chisala
Tradução para a língua portuguesa © 2020, Casa
dos Mundos/LeYa Brasil, Izabel Aleixo

Todos os direitos reservados e protegidos pela Lei 9.610, de
19.02.1998.
É proibida a reprodução total ou parcial sem a expressa
anuência da editora e da autora.

Preparação: Anna Beatriz Seilhe
Revisão: Elisa Menezes
Capa e ilustração de capa: Tita Nigrí
Diagramação: Filigrana

Dados Internacionais de Catalogação na Publicação (CIP)
Angélica Ilacqua CRB-8/7057

Chisala, Upile
   Eu destilo melanina e mel / Upile Chisala; tradução de
Izabel Aleixo. — São Paulo: LeYa Brasil, 2020.
   128 p.

ISBN 978-85-7734-692-9

1. Poesia Malawi (Inglês) 2. Feminismo 3. Negras I. Título II.
Aleixo, Izabel

19-1742

Índices para catálogo sistemático:

1. Poesia Malawi (Inglês)

LeYa Brasil é um selo editorial da empresa Casa dos Mundos.

Todos os direitos reservados à
Casa dos Mundos Produção Editorial e Games Ltda.
Rua Frei Caneca, 91 | Sala 11 – Consolação
01307-001 – São Paulo – SP
www.leyabrasil.com.br

Para Ruth.

E para Eunice, Veronica, Lestina e Maggie.

Foi o amor de vocês. O amor de vocês foi a magia.

Talvez este seja todo o começo de que você
[precisa,
apesar de mal composto,
feito com mãos nuas,
transmitido muitas e muitas vezes.
Ainda assim é um começo, querida,
e você lutou por isso.

Eu destilo melanina e mel.
Sou negra, e não peço desculpas por isso.

Crie o hábito de celebrar a si mesma
da pele à medula dos ossos.
Você é pura magia.

Hoje e todos os dias,
Sou grata pelas mulheres negras
que amam/escrevem/criam/se emocionam
a partir de suas raízes
e nunca
pedem desculpas por sua magia.

Eu gosto de pensar que Deus sorri
quando uma mulher negra é corajosa o
[suficiente
para amar a si mesma.

Criança negra numa jornada para amar a si
[mesma,
se esses poemas encontrarem você num dia
[muito triste,
por favor, sinta-se à vontade para comê-los
[por inteiro.

(Antes de mais nada, eles são seus.)

Infelizmente,
Quando o oceano é o seu limite,
Você tem que se virar.
Seu lar está distante
E a sua fome dele
Pode fazer os seus ossos doerem.
Então você estuda os supermercados
Até saber onde achar
Carne de cordeiro
e
Aipim
e
Fubá
e
Farinha de amendoim
e
Quiabo
e
Peixe seco
e
Folhas de abóbora,
Comida que mexe com a sua memória,
Afinal,
Você tem que se virar.

Sinto muito,
Seu lar está distante
E
Você tem fome dele
E
O oceano obstinado não irá desaparecer.

Garotinhos com raios de sol nos sorrisos
                                [estão sendo
confundidos com homens
porque seus corpos foram feitos como os
dos guerreiros.

Doces bebês,
Vocês ainda estão crescendo.
Vocês são pequenos.
Vocês são amados.

Aí está você,
Negra e mulher, e apaixonada por si
 [mesma.
Você é aterrorizantemente incrível
E eles ficam incrivelmente aterrorizados.

(E devem ficar mesmo.)

Queridas irmãs em melanina,
Nós precisamos umas das outras.

Você nasceu equilibrando línguas
em sua língua.
Sua família está vivendo muito longe,
sob o mesmo teto,
brigando por causa do sangue.
Querida,
onde quer que você se encontre,
você é estrangeira.

Lembre às suas garotinhas de cabelos
[crespos
E de pele tão deslumbrante quanto o céu à
[noite
Que elas também são milagres,
Que elas também são guerreiras.
Lembre às suas pequenas almas as deusas
Que elas sempre devem ser.

Eu amei essa pele muito antes de você
                    [respirar nela.
Eu não serei uma coisa bela e escura
desfilada por aí.
Eu não sou para ser mostrada.
Eu não sou para a sua piedade
ou para o seu prazer.
Amar a mim nunca será um ato de caridade.

Diga a ela que há deusas nos seus ossos
E histórias de triunfo na sua pele.
E que essa negritude não é um pecado.

Muitos homens e mulheres da cor da terra
Excluídos
E com corpos
Quebrados
E sangrando.
Negros e suplicando
Negros e quase não mais respirando.

Muitas pessoas de pele cor de mel
Batidas
E queimadas
E machucadas
E reprimidas.

Muitas crianças de melanina indo para a
[cama
Mais cedo em caixas apertadas,
Playgrounds e igrejas
Tornando-se cemitérios e túmulos.

Muitos bebês negros e lindos
Sendo enterrados mal saem do útero.
Eu fico perplexa como a negritude –
Essa negritude santa
Essa negritude sagrada
Essa negritude abençoada –
Tornou-se uma sentença
Tornou-se uma ofensa
Um crime
Uma contravenção
Um delito.
E quando o sangue negro corre, isso é algo
                                            [menor
Isso é uma coisa comum
Isso é algo que já se espera.

Quando o sangue negro corre,
o sistema não chora.

Minha querida,
você é da cor da terra,
você herdou o que é sagrado.

Não deixe ninguém silenciar a bondade nos
[seus ossos.
Não deixe ninguém fazer você duvidar do
[seu poder.
Você importa.

Sendo ébano desse jeito,
Tendo esse nome,
Carregando essa outra língua na minha
 [boca.
Houve momento em que eu só queria me
 [misturar,
passar despercebida,
nada de especial.
Mas me misturar é me apagar.

Agora que conheço
a magia suave da sua risada
e como o seu corpo se move como arte,
por que eu voltaria atrás?
O que havia antes de você?

Querido,
os seus ossos fortes se formaram num útero.
Você começou com suavidade,
você veio da delicadeza,
por favor, lembre-se disso quando amar.

Meu pai me deu a matemática.
Minha mãe me deu a magia.
E eu uso as duas para amar você.

Beije-me de todos os jeitos.
Beije-me o tempo todo.

Eu estava destinada a você.
Meu amor,
para que serve o oceano?

Eu escrevo poemas para você porque Deus
                    [falou o universo
à existência,
então não me deixe ouvir você dizer que
                    [palavras são
apenas palavras,
que as palavras não deixam uma marca,
não mudam o mundo,
não criam onde antes não existia nada.

Você raramente sabe como dar a si mesma,
você está acostumada com homens
que a amam pela metade
e que não dizem por favor.
Então quando ele ficou de joelhos pelos
                            [seus beijos,
todo apelo nos seus braços,
você não entendeu que um homem
pudesse se enroscar tão lindamente
e lhe pedir tão docemente
por uma porção,
por um lugar no seu mundo.

Mas, querida,
o seu amor sempre
valeu o trabalho do coração.

Você é a resposta a uma prece que eu era muito orgulhosa para fazer.

Meu amor,
traga todo o seu mel
e todas as suas feridas.

Conte-me todas as histórias que começam
                              [no seu sorriso
e terminam nos seus olhos.

Você foi a primeira coisa fora de mim
para a qual olhei e à qual me senti conectada,
você consegue entender isso?

Você
e eu
e todos os nossos vícios.

Meu amor,
você não acreditaria em todos os lugares
em que achei que encontraria você.

Você tem certeza de que não carrega o
                              [oceano
no seu peito?
Montanhas nos seus olhos?
O céu nos seus quadris?
Porque
estou começando a sentir que
você é como o mundo inteiro para mim.

Milhares de poemas vêm dançando no meu
[peito
desde a primeira vez que você me beijou.

Meus ossos atravessaram oceanos para
                         [encontrar você.
Se eu pedisse,
eles fariam tudo de novo.

Meu amor,
nós tiramos um ao outro de lugares
[solitários.
Me diga que isso não é magia!

Às vezes eu sinto como se tivesse inventado
                    [você, querido,
como se fechasse os olhos
e criasse você.

Coração,
avise-me quando você estiver pronto.

Se você se levantar da cama hoje e decidir
 [encarar o
mundo, vou ficar orgulhosa de você.
Se você ainda estiver lutando para isso, vou
 [lhe dar o meu apoio.

Lutar contra a tristeza é uma guerra
[necessária.

Se ninguém chamou você de corajosa
 [ultimamente, eu chamarei.
Você está lutando contra a tristeza com
 [tudo o que
tem e por isso você é poderosa.

Você tem que escolher a felicidade de novo
[e de novo.
Escolha-a a cada manhã como você escolhe
[a roupa que vai usar.

Eu ainda estou aprendendo a fazer uma
                              [língua
da minha dor,
a escrever tudo o que dói.
Eu ainda estou ensinando ao meu lado frágil
e ao meu lado forte
que eles podem coexistir.

Até as mãos de minha mãe estão cansadas.
Quase dá para sentir isso quando ela nos
　　　　　　　　　　　　[abraça.
Ela se inclina e descansa as mãos nas nossas
　　　　　　　　　　　　　[costas,
Dividindo em segredo um peso minúsculo,
Descarregando-o só um pouquinho.

Ainda estou aprendendo a arte de
Dar
E
Receber
E
Alegrar-me.

Bwenzi,
eu sei que às vezes a depressão golpeia
                          [duro você,
Mas continue ressurgindo dela,
Você, essa coisa sobrevivente que você é.

Tenha cuidado com a maneira como você
[ama as pessoas.
Não as destrua.
Não se destrua.

Talvez carreguemos o trauma das nossas
 [mães nos nossos ossos,
o pesar dos nossos pais no nosso sangue.

Sinto muito,
talvez tenhamos herdado um pouco da dor
 [deles.

(o que eles nos deram sem pensar, o que
 [nós temos
tentado devolver)

Hobbies atuais:

Amar os homens errados corretamente.
Amar os homens certos erradamente.

Querido,
não existe essa coisa de moeda com um só
[lado.
Sou ao mesmo tempo mel e limão.

Eu me pareço com meu pai.
Eu me emociono como minha mãe.
– como Deus serviu a refeição.

Alguns dias as nossas preces são duas
 [vezes mais altas
E três vezes mais longas.
Alguns dias elas precisam ser assim.

Querida,
lutar contra a tristeza com uma garrafa
               [ainda não funcionou
para ninguém na
sua linhagem.
Faça uma comida quentinha em vez disso.
Vista algo limpo,
comece o dia,
e faça o trabalho de viver.

Amada,
reúna toda a ferida no seu corpo
e conte-nos como você não foi feita para
[quebrar.

Por favor, tente não roubar a felicidade de si
[mesma.
Você merece toda e qualquer chance
e toda e qualquer tentativa.

Negação, isso é um mal de família.

No centro da sua cura está você,
sempre esteve você,
sempre estará você.

Você é a restauradora.

Lembre-se, há amor aí,
dentro de você
esperando para ser mexido, amadurecido e
[servido.

É quando não acreditamos que somos
                    [suficientes
para nós mesmas
que começamos a procurar pessoas em
                    [quem nos afogar.

Se você é amada de um jeito pequeno,
por favor, lembre-se,
não cabe a você fazer uma mágica
para ficar com alguém com quem era
                      [melhor não ficar.

Muitas de nós são oceanos
com amores que nunca aprenderam a nadar.

O problema é:
algumas de nós são terrivelmente sensíveis
e um desastre escolhendo a quem amar!
E às vezes pode parecer que queremos o
[amor
mais do que o amor nos quer.

Por que vocês têm tanto medo de amar
[uma mulher forte?

Prezado senhor,
Por nove meses você nadou no sangue da
[sua mãe.
Como consegue agora odiar as mulheres
[com
todas as suas forças

quando cada osso do seu corpo começou
[nos dela?

Eu não peço desculpas por não podermos
            [mais dividir o mesmo teto,
sem que as paredes se espessem,
sem suar nos móveis.
Querido,
nós criamos todo esse ardor entre nós.
Nós costumávamos arder um pelo outro,
lembra?

de difícil tradução

O oceano inteiro do meu corpo sente falta
                              [de você.
Venha nadar, querido.
Venha nadar.

Bwenzi, ndine nyanja.
Dzandisambire.

Meu querido amor,
Eu sinto muito não poder rezar para que o
        [oceano entre nós desapareça.

Amar alguém que não ama você
sempre será uma maneira que não
compensa de usar seu coração.

Confie em mim,
Eu sei como consertar a mim mesma
como reparar
e queimar
e torcer
e moldar.
Eu sei como fazer algo novo de mim mesma,
então não fique comigo por pena,
deixe-me quebrar
e encontrarei meu próprio caminho de volta
[à inteireza.

Aos homens que me amaram sem
                [consistência,
Eu sobrevivi a vocês.

Ele achou galáxias
entre as coxas de outras garotas
e de repente o mundo
que eu estava planejando oferecer a ele
já não é mais suficiente.

Eu não quero ser menos do que sou, se isso
 [for a única maneira
de receber mais de você.

E, em alguns dias,
Eu sou um país do qual você não deve se
[aproximar.
Um país em guerra consigo mesmo.

Ele diz que

Eu somo distância a distância
e sou a razão pela qual o oceano parece
                        [infinitamente
largo
as diferenças de fuso e estações são todas
                             [produtos
das minhas mãos,
porque eu estou tentando provar que posso
                               [quebrar
o coração dele
outra vez e outra vez,
milhas e milhas distante,
e ainda ser a garota dos seus sonhos.

Não pergunte por que ele foi embora.
Ele vai fazer aquela coisa covarde
e dizer
que você era mais guerra que mulher
e que amar você era uma luta.

Quando o seu silêncio começar a se chocar
                    [com o barulho do seu amor
e todo o seu amor paciente estiver no fim
e você quiser tanto ficar quanto ir embora.

Segure sua língua.
Respire fundo em vez disso.
Pare por um momento.
Leia seu livro favorito outra vez.
O amor pesa, então descanse seu coração
                              [um pouco.

E assim,
deixe o amor se preocupar com o amor por
                              [um tempo.

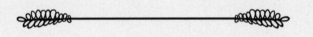

Nessa vida dura, dura
haverá sempre coisas das quais sair debaixo
e passar por cima.

Lembre-se,
depois de ter lutado por causa de tudo
sempre haverá uma luz por onde entrar.

Encontre uma coisa adorável e a respeite.

Espero fazer com palavras o que dançarinos
[fazem com braços e pernas.

O que damos aos deuses nas orações
Recebemos de volta nas pessoas.

Poemas,
como corpos,
carregam sangue
e água
e pedaços de
todos que já nos amaram.

Você é uma mulher em busca do seu próprio
[coração.
Querida,
essa é a coisa mais corajosa que você poderia
[ser.

Querida,
você merece uma refeição completa de
 [amor. Pare de fazer lanchinhos.

Minha mãe me conta que ela criou a si
                              [mesma.
Veja, ela sempre foi tanto raio de sol
quanto chuva para mim.
Eu admiro o fato de ela ter sobrevivido e se
                              [tornado uma
flor com nada.

Todas as mulheres encantadoras vivendo
 [em seu sangue
estão tentando lhe ensinar sua magia suave,
por favor, preste atenção nelas.

Garota negra,
sonhe todos os sonhos.

Às mães
que nos alimentaram de poemas
até que nas nossas barrigas
não houvesse espaço para dúvidas sobre
                                  [nós mesmas,

Obrigada.

1. Não aceite o amor de um homem que
faz você se sentir pequena,
o universo é muito vasto.

2. Você é inerentemente linda e completamente
insubstituível.

3. Você não tem que ir longe para encontrar amor
e validação, comece dentro de você.

4. Meninos são meninos e homens são homens,
separe-os.

5. Fique sozinha com frequência, do jeito que
 [você é, mas não deixe
que isso se torne solidão.

6. Lembre-se de continuar gentil.

7. Não fique com raiva do mundo por muito
 [tempo.
Busque a vida nas pequenas coisas e ultrapasse
 [a tristeza.

8. Toque em alguém com as suas mãos ou com
o seu coração, com as suas palavras ou com o seu
silêncio. Partilhe a si mesma.

9. Celebre a sua pele.

10. Seja você mesma e nunca peça desculpas por
ser alguém que você ama.

À garota que luta com seu corpo,

Espero que você encontre um lugar para
[depor suas armas.

Sou imperfeita.
No entanto, eu tenho valor.
No entanto, eu tenho poder.

No entanto, eu mereço coisas boas.

Querida,
mulheres como você são conhecidas por
 [carregar a guerra entre
os dentes
e, no entanto, conseguem fazer deslizar
 [palavras suaves da
língua.
Você os desconcerta porque tanto
a batalha quanto a paz se adequam ao seu
 [corpo.

Garota,
quem lhe ensinou a ser tão silenciosa?
A guardar sua língua na sua boca
tão bem guardada?

Eu tenho que avisar você,
Há um feitiço suave nas minhas coxas.

Querida,
lembre-se de correr dos homens que lhe
[prometerem
completude.
Você já é inteira.

Antes que seus quadris aparecessem
ensinaram você
a ser uma mulher
e
que tipo de mulher ser.

Sua avó lhe disse:

"Você se torna mulher no dia em que
 [consegue
pegar palavras duras
e amassá-las até que virem mel."

Pense nisto:

O seu corpo é uma benção.
Com suas curvas,
deformações,
rugas.
Com suas cicatrizes
e marcas.

Tudo isso é o mapa da sua vida.

O seu corpo é feito de memórias,
algumas doces,
outras tristes,
mas, ainda assim, memórias.

Sua alma vive numa casa de histórias.
Seu corpo é memória.

Você é linda
e suas asas são feitas de coisas que eles
[jogaram no
seu rosto,
as coisas que deviam fazer você
ainda menor
nesse grande universo.
Mas você costura tudo junto,
todas essas desventuradas coisas velhas,
e faz alguma coisa sua.

Que criatura linda você é.
Que criatura linda você sempre foi.

Querida mamãe,
espero herdar toda a sua ternura
e o jeito minucioso com que você ama.

E hoje
seus ossos chamaram sua pele
e disseram:

"Vamos lá, vamos fazer isso de novo."

Criada num lar de línguas afiadas,
você conhece palavras o bastante para
começar uma fogueira com a sua boca.

Mas, de algum modo, você escolheu a
 [suavidade
ou a suavidade escolheu você.

Na primeira vez
e em todas as vezes depois dela,
por favor, lembre-se de não perder a si
                              [mesma
na teoria de um homem.

Por favor,
Alimente seus filhos com a mesma
 [suavidade com que você
  [alimenta suas filhas.

Se você é um milagre com coxas de trovão
envolta em pele sagrada,
este é um poema
para lembrá-la de parar e de sentir
a vida viajando pelo seu corpo.
Você é muitas coisas maravilhosas.
Você é muitas coisas maravilhosas.
Você é muitas coisas maravilhosas.

Guarde alguns poemas suaves para si
[mesma.
Você precisa de amor também.

A voz da minha mãe é o meu lar.

Querida,
o seu corpo não é um cemitério para as
inseguranças dos outros.

Eu sou minha o tempo todo.

Você vai descobrir que eu tenho a cor da
                              [minha avó
e o coração da minha mãe.
Meu bem,
eu sou habitada por mulheres que rezam.

Sua mãe foi um mito.
Seu pai foi uma história.
Mas isso nunca impediu você de amar
[profundamente.

Até mesmo a ausência nos ensina.

Quando oferecerem a você um amor magro,
não o aceite só porque sua pele é mais
[grossa
e alguém lhe disse que as mulheres devem
[suportar tudo.

O único tipo de amor que vale a pena é o
[inteiro.

Há uma história de amor ganhando forma
                                        [aqui
entre mim e a alegria,
Eu tenho direito a ela e ela tem direito a mim.

Em www.leyabrasil.com.br você tem acesso a novidades e conteúdo exclusivo. Visite o site e faça seu cadastro!

A LeYa Brasil também está presente em:

facebook.com/leyabrasil

@leyabrasil

instagram.com/editoraleyabrasil

LeYa Brasil

ESTE LIVRO FOI COMPOSTO EM PALATINO,
CORPO 11PT, PARA A EDITORA LEYA BRASIL.